목차

물은 정말 신기해 2

1. 단위 '나노미터(nm)'의 길이를 설명하세요.

_____

_____

2. 우리가 물의 모습을 관찰할 수 있게 된 이유는 무엇인가요?

_____

_____

3. 물의 모습을 물 분자 형태와 연관하여 설명하세요.

_____

_____

_____

4. 물이 자성을 띠게 된 이유는 무엇인가요?

_____

_____

_____

5. 물 분자에 대한 설명으로 옳은 것을 <보기>에서 모두 고르면? (   )

<보기>

ㄱ. 물 분자의 크기는 0.3nm이다.

ㄴ. 물 분자는 1개의 수소와 2개의 산소가 만나 이루어진다.

ㄷ. 1개의 물 분자에서 산소가 양전하, 수소가 음전하를 띠게 된다.

ㄹ. 산소가 수소보다 전자가 풍부하고 전자들을 당기는 힘이 세서 전자들이 산소 쪽으로 치우쳐 있게 된다.

6. 수소결합의 개념과 특징을 설명하세요.

_____

_____

_____

7. 다음에서 설명하는 현미경의 명칭을 쓰세요.

○ (가   ) 현미경 : 빛을 이용하여 물질을 관찰한다. 관찰하려는 물질을 10배~1,000배 정도 확대할 수 있다.

○ (나   ) 현미경 : 진공 상태를 이용해 전자의 움직임을 관찰하며 30만 배까지 물질을 확대하여 볼 수 있다.

가 : (   ) , 나 : (   )

8. 기존 현미경의 배율을 획기적으로 늘려서 '미시세계'의 관찰을 가능하게 한 네덜란드 과학자는 누구인가요? (   )

어휘 확인하기

1. 어휘의 사전적 의미 찾아보기

광학	
중성	1. 서로 반대되는 두 성질의 어느 쪽도 아닌 중간적 성질. 2. 원자, 소립자 따위가 양전하나 음전하 가운데 어떤 성질도 가지고 있지 않은 상태.
진공	
미시	
학설	학술적 문제에 대하여 주장하는 이론 체계.
개량	

2. 빈칸에 알맞은 어휘를 찾아 쓰세요.

미시	진공	학설	개량

① 우주 과학 실험실 내부는 우주 공간과 같이 (   )으로 만들어야 한다.

② 이 문제는 (   )적 관점에서 분석해야 한다.

③ 김 교수는 이 문제에 대한 새로운 (   )을 발표하였다.

④ 조선 후기에는 농사 방법을 (   )하기 위해 노력하였다.

3. 다음 어휘를 활용하여 문장을 만들어 보세요.

① 학설 : _____

② 개량 : _____

신라의 지식인, 최치원

내용 확인하기

1. 신라 하대 시대 상황에 대한 설명으로 옳은 것을 <보기>에서 모두 고르면?
                                                                        (   )

───────────── 〈보기〉 ─────────────

ㄱ. 진골 귀족들과 6두품들 사이에 왕위 쟁탈전이 벌어졌다.

ㄴ. 지배층의 사치로 재정이 바닥났고 농민들을 가혹하게 수탈하였다.

ㄷ. '원종과 애노의 난'을 시작으로 전국적으로 호족들의 반란이 일어났다.

ㄹ. 지방에서 호족들이 스스로 성주를 칭하며 독자적인 세력을 형성하고 있었다.

2. 골품제의 특징을 2가지 설명하세요.

_____

_____

_____

3. 중국 당나라에서 외국인들을 상대로 실시한 과거 시험의 명칭은? (   )

4. 최치원이 당나라에서 명성을 떨치게 된 사건은 무엇인가요?

_____

_____

5. 최치원이 아찬 벼슬에서 물어난 후 가야산 해인사에 은둔한 이유는 무엇인가요?

_____

_____

6. 신라를 무너뜨리고 새로운 나라를 세우는데 앞장섰던 세력들은 누구인가요?

(   )

1. 최승우(崔承祐)

신라 말기의 문인이자, 후백제 견훤을 도운 관료였다. 경주에서 태어난 그는 890년 중국 당나라로 유학을 떠났고, 893년 빈공과에 합격하여 당에서 관직을 지냈다. 이후 신라로 귀국 후 후백제 정권에 참여하여 견훤의 책사가 된다. 927년에 견훤이 왕건에게 보낸 서신인 <대견훤기고려왕서>를 쓴 것으로 알려져 그가 주로 외교와 문한(文翰)의 업무에 종사한 것으로 보인다.

2. 최언위(崔彦撝)

신라 말부터 고려 초기에 명망이 높았던 문신이자 관료였다. 경주 출신으로 동시대 대문장가였던 최치원과 종제(從弟) 관계이다. 897년 숙위학생으로 당에 유학하여 906년 빈공과에 합격하였다. 당 멸망 과정을 직접 목도하였으며, 909년 신라로 귀국하여 병부시랑 등을 역임하였다. 이후 경순왕을 따라 고려에 귀부하여 태자의 사부와 문한(文翰)의 임무를 맡았다.

3. 호족(豪族)

신라 말기부터 고려 초기까지 지방에서 부와 권력을 누리던 세력이다. 신라 말 진골 귀족의 왕위 쟁탈전이 극심해지면서 지방에 대한 중앙 정부의 통제력이 약화되었다. 이 틈을 타서 권력 다툼에 밀려 지방으로 낙향한 진골 귀족들, 지방의 군사 지휘관 등이 세력을 키우기 시작했다. 이들은 중앙 정부의 명령을 듣지 않고 스스로 장군, 성주 등을 칭하면서 독자적인 세력을 형성하였다. 진골 가문이었던 김헌창이나 신라군 장교였던 장보고, 견훤 등이 신라 말 힘을 키운 대표적인 호족들이었다. 이후 6두품 세력과 손잡고 새로운 나라를 건설하는 데 앞장섰으며 후삼국 시대를 열었다.

4. 후삼국시대

통일신라가 분열되어 신라, 후백제, 후고구려 등 삼국이 정립하였던 시기이다. 신라 하대 호족 출신이었던 견훤이 900년 후백제를 건국하였다. 신라 왕자 출신이었던 궁예가 901년 후고구려를 건국하고 이후 마진, 태봉으로 국호를 바꾸었다. 918년 실정을 거듭하던 궁예를 몰아내고 왕건이 왕위에 올라 고려라는 이름으로 건국하였다.

1. 어휘의 사전적 의미 찾아보기

전역(朝廷)	어느 지역의 전체
명성	
은둔	
고위	
관장하다	일을 맡아서 주관하다.
조정(朝廷)	

2. 빈칸에 알맞은 어휘를 찾아 쓰세요.

명성	고위	전역	은둔

① 그는 (   ) 관직을 두루 거쳤다.

② 수도권 (   )에 비가 내린다.

③ 노 교수는 모든 명예를 버리고 (   )의 생활을 선택했다.

④ 당나라 유학 시절 최치원은 문장가로 (   )을 떨쳤다.

3. 다음 어휘를 활용하여 문장을 만들어 보세요.

① 명성 : _____

② 은둔 : _____

기본권적 자유와 자유의 가치

....

1. 미국 대통령 프랭클린 루스벨트(Franklin Delano Roosevelt)가 1941년 의회 국정연설에서 선언한 '4가지 자유(4대 자유)'는 무엇인가요?

_____

_____

2. '인간이 태어날 때부터 남들에게 양도할 수 없는 오직 자신만의 고유한 가치, 즉 인권을 하늘로부터 부여받는다.'라는 사상은 무엇인가요? (   )

3. 우리나라 헌법에서 제시하고 있는 자유권적 기본권에 해당하는 자유에는 무엇이 있나요?

_____

_____

4. 법률로써 자유권을 제한할 수 있는 사례를 <보기>에서 모두 고르면? (   )

〈보기〉

ㄱ. 기침을 심하게 하는 학생은 학교 수업에 참여할 수 없다.

ㄴ. 고속도로에서 차가 막혀도 '갓길'을 자유롭게 이용할 수 없다.

ㄷ. 입대한 군인은 주말 동안 자유롭게 외출하거나 외박을 할 수 없다.

ㄹ. 미관을 해치는 경우 부모님으로부터 물려받은 토지를 자유롭게 개발할 수 없다.

5. 존 스튜어트 밀이 그의 대표작 《자유론》에서 정의한 자유란 무엇인가요?

_____

_____

배경지식

<대한민국 헌법이 보장하는 기본권>

우리 헌법에는 다양한 기본권을 보장함으로써 인권을 보호한다. 헌법 제10조는 '모든 국민은 인간으로서의 존엄과 가치, 행복을 추구할 권리를 가진다. 국가는 개인이 가지는 불가침의 기본적 인권을 확인하고 이를 보장할 의무를 진다.'라고 명시하고 있다. 대한민국 헌법에서 명시한 기본권에는 자유권, 평등권, 참정권, 사회권, 청구권 등이 있다.

1. 자유권

국가 권력에 의하여 자유를 제한받지 않을 권리를 말한다. 신체의 자유, 사생활의 자유, 양심의 자유, 언론·출판·집회·결사의 자유 등이 대표적이다.

2. 평등권

어떠한 조건에 상관없이 모든 국민이 평등할 권리를 말한다. 법 앞에서의 평등과 차별받지 않을 권리 등이 대표적이다.

3. 참정권

국민이 국가의 주인으로서 정치에 참여할 권리를 말한다. 선거권, 공무 담임권(국민이 나라의 공적인 일을 맡을 수 있는 권리), 국민 투표권 등이 대표적이다.

4. 사회권

인간다운 삶을 위한 조건을 국가에 요구할 수 있는 권리를 말한다. 교육을 받을 권리, 근로의 권리, 사회 보장을 받을 권리 등이 대표적이다.

5. 청구권

권리가 침해되었을 때 국가에 대하여 일정한 요구를 할 수 있는 권리를 말한다. 청원권, 재판 청구권, 국가에 대한 손해 배상 청구권 등이 대표적이다.

1. 어휘의 사전적 의미 찾아보기

명시	
좌지우지하다	이리저리 제 마음대로 휘두르거나 다루다.
사안	
모호하다	
해악	
손아귀	1. 엄지손가락과 다른 네 손가락과의 사이. 2. 손으로 쥐는 힘. 3. 세력이 미치는 범위.

2. 빈칸에 알맞은 어휘를 찾아 쓰세요.

해악   명시   모호하다   사안

① 범인의 행방이 (   ).

② 담배에는 건강에 (   )을 끼치는 물질이 들어 있다.

③ 모든 (   )은 회원들의 합의로 결정한다.

④ 식료품에는 유효 기간을 (   )해야 한다.

3. 다음 어휘를 활용하여 문장을 만들어 보세요.

① 좌지우지하다 : _____

② 사안 : _____

숫자에도 역사가 있다고요?

내용 확인하기

1. 우리의 생활은 이제 수와는 떼려야 뗄 수 없는 '수의 바다'에 살고 있다고 해도 과언이 아닙니다. 수는 단순히 세는 것뿐만 아니라 이름을 붙이는 목적으로도 사용됩니다. 우리 생활 곳곳에 수가 쓰이는 사례를 찾아보세요. (예 : 열차 좌석번호)

_____

_____

2. 글을 쓰거나 이야기할 때 수치를 사용하는 것과 그렇지 않은 것은 어떤 차이가 있을까요? 다음 <보기1>, <보기2>를 비교하여 읽고 차이점을 서술하세요.

─────────── 〈보기1〉 ───────────

  6.25 전쟁 당시 많은 국가에서 대한민국의 자유를 지키기 위해 군인을 보내주었다. 몇 개 국가에서 의사, 간호사, 의료 물품을 보내주었고 상당히 많은 국가에서 전쟁에 필요한 무기, 식량, 옷 등의 물품을, 그리고 몇몇 국가는 폐허가 된 우리나라를 복구하는 사업을 도왔다. 당시 기준 유엔 회원국의 개수가 오늘날보다 적었음을 고려하면 전 세계의 상당수에 해당하는 국가들이 대한민국의 자유와 재건을 위해 참전한 것이다.

─────────── 〈보기2〉 ───────────

  6.25 전쟁 당시 전 세계 16개 국가에서 대한민국의 자유를 지키기 위해 군인을 보내주었다. 5개 국가에서 의사, 간호사, 의료 물품을 보내주었고 40개 국가에서 전쟁에 필요한 무기, 식량, 옷 등의 물품을, 그리고 6개 국가는 폐허가 된 우리나라를 복구하는 사업을 도왔다. 1958년 기준 유엔 회원국이 61개국이었음을 고려하면 전 세계의 약 65%에 해당하는 국가들이 대한민국의 자유와 재건을 위해 참전한 것이다.

_____

_____

_____

[3-4] 교재를 보고 물음에 답하세요. (다음세대논술 p.42 고대 이집트 상형문자)

3. 다음 이집트 상형문자가 나타내는 숫자는 몇 일까요?

(원래 상형문자는 오늘날과는 반대로 오른쪽에서 왼쪽으로 기록되었으나 여기에서는 기존의 방식대로 왼쪽에서 오른쪽으로 읽도록 합니다.)

1) (   )   2) (   )   3) (   )

4. 올해는 2023년도입니다. 2023을 이집트 상형문자로 나타내 보세요.

5. 오늘날 우리가 사용하는 아라비아 숫자와 이집트의 상형문자를 비교하여 상형문자의 장점과 단점을 각각 2가지 이상 서술하세요.

1) 장점

_____

_____

_____

2) 단점

_____

_____

_____

6. 바빌로니아 쐐기 문자의 규칙을 찾아 설명하세요. (다음세대논술 p.41 바빌로니아 상형문자)

_____

_____

_____

7. 여러분이 만일 숫자를 만든다면 어떤 기호를 사용하여 어떤 방법으로 만들고 싶은가요? 이집트의 상형문자나 마야 문자와 같이 자신만의 새로운 숫자를 만들어 봅시다. 친구들과 함께 자신이 만든 숫자를 소개하고 서로 문제를 내며 게임을 해 보세요.

(참고 : 바빌로니아인들은 𒁹 와 𒌋 두 개의 숫자만을 사용하였고, 마야인들은 ⬯ , ● , ── 의 세 개의 기호만을 숫자로 사용했습니다. 이처럼 기본 단위가 되는 기호를 몇 개 정한 뒤 그것들을 적절한 규칙에 따라 배열하면서 새로운 숫자들을 만들어 나갈 수 있습니다.)

어휘 확인하기

1. 어휘의 사전적 의미 찾아보기

절실하다	
대응	1. 어떤 일이나 사태에 맞추어 태도나 행동을 취함. 2. 어떤 두 대상이 주어진 어떤 관계에 의하여 서로 짝이 되는 일.
주기	
매듭	1. 노, 실, 끈 따위를 잡아매어 마디를 이룬 것. 2. 어떤 일에서 순조롭지 못하게 맺히거나 막힌 부분. 3. 일의 순서에 따른 결말.
획기적	
토대	1. 모든 건조물 따위의 가장 아랫도리가 되는 밑바탕. 2. 명사 어떤 사물이나 사업의 밑바탕이 되는 기초와 밑천을 비유적으로 이르는 말.

2. 빈칸에 알맞은 어휘를 찾아 쓰세요.

매듭	획기적	대응	토대

① 심각한 교통 체증 해소를 위한 (   )인 대책이 필요하다.

② 전통의 (   ) 위에 새로운 문화를 창조하자.

③ 그는 항상 일을 시작만 하고 (   )을 짓지 못한다.

④ 급변하는 상황에 대한 신속한 (   )이 필요하다.

3. 다음 어휘를 활용하여 문장을 만들어 보세요.

① 대응 : _____

② 토대 : _____

한 눈에 보는 클래식 음악사

··

내용 확인하기

1. (가)와 (나)에 대한 설명으로 옳은 것을 <보기>에서 모두 고르면? (   )

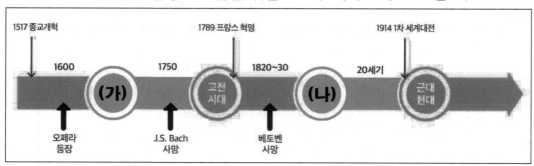

〈보기〉

ㄱ. (가)는 낭만주의 시대, (나)는 바로크 시대이다.

ㄴ. (가)시대 음악은 화려한 양식과 함께 통일성, 균형과 조화의 특징을 보인다.

ㄷ. (가)시대 대표적인 음악가로는 쇼팽, 리스트 등이 있다.

ㄹ. (나)시대 음악은 악기의 발달로 감정을 풍부하게 전달하는 특징을 보인다.

---

2. 성서에 나오는 내용을 가사로 삼아 독창과 합창, 오케스트라 반주로 이루어진 곡을 무엇이라고 하나요? (   )

3. 고전주의 시대 음악의 특징에 대한 설명으로 옳지 않은 것은? (   )

① 대표적인 음악가로 모차르트, 하이든, 베토벤 등이 있다.

② 클래식 음악의 대명사로 불리는 '소나타' 형식이 완성되었다.

③ 전통적인 건반악기였던 하프시코드를 대신한 피아노가 등장하였다.

④ 장조, 단조와 같은 음악의 조성을 해체하는 '무조음악'이 등장하였다.

⑤ 부를 축적한 시민 계급이 집에서 직접 소규모 음악회를 열면서 실내악이 발전하였다.

4. '낭만주의 시대' 음악의 특징을 서술하세요.

_____

_____

5. 인상주의 음악의 대표적인 음악가로 《달빛(clair de lune)》의 작곡한 사람은 누구인가요?

(   )

배경지식

1. 르네상스

14세기부터 16세기 사이 유럽에서 일어난 문예 부흥 운동을 말한다. 14세기경 교회의 권위가 흔들리면서 유럽 사람들은 인간의 개성과 합리성에 대해 다시 생각하게 되었다. 또한 고대 그리스와 로마의 문화에 관심이 높아졌는데, 옛 그리스와 로마의 문학, 사상, 예술을 본받아 인간 중심의 정신을 되살리고자 하였다.

르네상스는 이탈리아에서 먼저 시작되었다. 오스만 제국의 침략을 피해 넘어온 비잔티움 학자들에 의해 그리스·로마의 고전 문화가 재조명되면서 인간과 세상을 새롭게 해석하는 인문주의가 형성되었고, 자연과 인간을 그대로 묘사하게 되었다. 16세기 이후에는 북유럽으로 르네상스가 확산되었다. 르네상스 시대의 인간과 자연에 대한 관심은 자연 과학의 발전을 가져와 근대 과학 발전의 토대를 형성하였다.

2. 종교개혁

16~17세기 유럽에서 로마 가톨릭 교회의 쇄신을 요구하며 등장했던 개혁운동이다. 북유럽 인문주의는 교회의 부패를 비판하면서 종교개혁이 일어날 수 있는 토대를 마련하였는데, 본격적인 종교개혁은 독일의 루터로부터 시작되었다. 루터는 당시 교회의 면벌부 판매를 비판하면서 '신앙의 유일한 근거는 성서'라는 주장을 했고, 그의 주장은 인쇄술의 발달로 인해 독일 전역으로 퍼져 나갔다. 교황과 신성 로마 제국 황제는 루터를 탄압하였으나 루터를 지지하는 제후들이 이에 맞서 저항하였으며, 결국 아우크스부르크 화의에서 제후들에게 종교 선택권이 주어지게 되었다. 이후 일부 지역에서 루터파 교회가 종교의 자유를 얻었다.

1. 어휘의 사전적 의미 찾아보기

정형화	
기교	기술이나 솜씨가 아주 교묘함. 또는 그런 기술이나 솜씨.
어원(語源)	
여건	
표제	1. 서책의 겉에 쓰는 그 책의 이름. 2. 연설이나 담화 따위의 제목. 3. 연극 따위의 제목.
서정적	

2. 빈칸에 알맞은 어휘를 찾아 쓰세요.

정형화	기교	여건	서정적

① 이 지역은 교통이나 생활 (   )이 어떤가요?

② 시조는 (   )된 틀이 있다.

③ 이 노래의 가사는 참 (   )이다.

④ 그는 뛰어난 (   )로 가야금을 연주하였다.

3. 다음 어휘를 활용하여 문장을 만들어 보세요.

① 여건 : _____

② 서정적 : _____

18

역사기행 국내편 - 안국동 일대를 걷다

내용 확인하기

1. 19세기 전반 조선의 대내외적 상황에 대한 설명으로 옳은 것은? (   )

① 천주교를 시작으로 기독교 신앙이 전해졌다.

② 능력 위주의 과거제도가 원활하게 운용되었다.

③ 정조 이후 강력한 왕권을 바탕으로 세도정치가 이루어졌다.

④ 서양 세력과 외교 관계를 맺은 후 무역을 활발하게 전개하였다.

⑤ 천주교 신자가 확산되면서 공식적으로 선교사들이 활동하게 되었다.

2. 흥선대원군의 개혁 정책에 대한 설명으로 옳은 것을 <보기>에서 모두 고르면?

(   )

〈보기〉

ㄱ. 경복궁을 재건하였다.

ㄴ. 전국의 서원들을 재정적으로 지원하였다.

ㄷ. 서양 세력과 외교를 맺고 통상을 허용하였다.

ㄹ. 조선의 세금 제도인 '삼정'의 문제점을 개혁하였다.

---

3. 우리나라에서 최초로 우편 업무를 시작한 기관은 무엇인가요? (   )

4. 임오군란 이후 청의 내정 간섭이 심해지면서 개화파 내에 어떠한 변화가 일어났는지 설명하세요.

_____

_____

_____

5. 흥선대원군의 개혁 정책과 급진 개화파의 개혁 사상을 비교하고, 그들의 근대화 정책을 평가해 보세요.

어휘 확인하기

1. 어휘의 사전적 의미 찾아보기

순탄	
청산	
모순(矛盾)	어떤 사실의 앞뒤, 또는 두 사실이 이치상 어긋나서 서로 맞지 않음을 이르는 말. 중국 초나라의 상인이 창과 방패를 팔면서 창은 어떤 방패로도 막지 못하는 창이라 하고 방패는 어떤 창으로도 뚫지 못하는 방패라 하여, 앞뒤가 맞지 않은 말을 하였다는 데서 유래한다.
부임	
거사(擧事)	큰일을 일으킴.
망명	혁명 또는 그 밖의 정치적인 이유로 자기 나라에서 박해받고 있거나 박해를 받을 위험이 있는 사람이 이를 피하고자 외국으로 몸을 옮김.

2. 빈칸에 알맞은 어휘를 찾아 쓰세요.

거사	망명	부임	청산

① 새로 (　　　　　　)한 감독은 수비보다 공격에 중점을 두었다.

② 이번 (　　　　　　)가 실패하면 우리 모두 죽습니다.

③ 봉건 잔재를 (　　　　　　)해야 한다.

④ 그 사상가는 독재자의 속박을 피해 (　　　　　　)하기로 결심하였다.

3. 다음 어휘를 활용하여 문장을 만들어 보세요.

① 망명 : _____

② 청산 : _____

역사기행 해외편 - 산업혁명의 도시, 영국 런던(London)

내용 확인하기

1. 개량한 증기 기관을 이용해 증기 기관차를 상용화시켰던 인물은 누구이며, 증기 기관차 발명이 당시 사회에 끼친 영향은 무엇인가요?

_____

_____

2. 철도의 발명이 여러 산업에 미친 영향을 서술하세요.

_____

_____

_____

3. 영국이 겪었던 산업혁명의 부작용에 대한 설명으로 옳은 것을 <보기>에서 모두 고르면?
(   )

<보기>

ㄱ. 런던 스모그 당시 12,000여 명의 사람들이 호흡기 질환으로 사망하였다.
ㄴ. 석탄 대신 나무를 연료로 사용하게 되면서 무분별한 벌목이 이루어졌다.
ㄷ. 도시 계획을 통해 하수 처리 시설과 쓰레기 소각장을 급하게 건설하였다.
ㄹ. 오염된 물을 그대로 방수한 결과 빈민가를 중심으로 전염병이 유행하였다.

4. 산업혁명 이후 항구도시가 발전하자 노동자들이 몰려들어 탄생하게 된 영국의 대표적인 음식은 무엇인가요? (   )

어휘 확인하기

1. 어휘의 사전적 의미 찾아보기

유서(由緖)	예로부터 전하여 내려오는 까닭과 내력.
종주국	문화적 현상과 같은 어떤 대상이 처음 시작한 나라.
개량(改良)	
상용화	
발간	
재난	

2. 빈칸에 알맞은 어휘를 찾아 쓰세요.

재난	개량	발간	상용화

① 출판사에서 새로운 잡지의 (   )을 기획하고 있다.

② 그는 자신이 만든 프로그램을 (   )하여 큰돈을 벌었다.

③ 농사 방법 (   )에 힘쓰다.

④ (   )을 당한 주민 여러분께 깊은 위로의 말씀을 드립니다.

3. 다음 어휘를 활용하여 문장을 만들어 보세요.

① 위생 : _____

② 개량 : _____

이야기 시사경제 – 희소성 그리고 선택의 자유

내용 확인하기

1. 사람들의 무한한 욕망에 비해서 그 욕망을 충족시켜 주는 재화나 서비스가 부족하기 때문에 선택을 해야 합니다. 이러한 경제 현상을 무엇이라고 할까요? (   )

2. 다음에서 알맞은 곳에 ○표하세요.

> 석유는 많은 양이 매장되어 있지만 사람들이 사용하고자 하는 양이 그보다 더 많기 때문에 희소성이 (작다 / 크다). 반면 구리나 철과 같은 광물 자원은 석유보다 매장량은 적지만 사람들이 필요로 하는 양은 매장량보다 더 적기 때문에 희소성이 (크다 / 작다).

3. 기회비용의 개념을 설명하세요.

_____

_____

4. <보기>의 사례에서 해외여행의 기회비용은 얼마일까요?

> ─────────── 〈보기〉 ───────────
>
> 대학생 A씨는 여름방학을 맞이하여 2주 동안 해외여행을 계획하였다. 해외여행에 드는 여러 비용을 다 계산해 보니 400만 원의 예산이 필요하였다. 만약 A씨가 해외여행을 가는 대신 편의점에서 아르바이트를 하면 1주 동안 40만 원을 벌었을 것이다. 또는 쿠X 물류센터에서 아르바이트를 하면 1주 동안 80만 원을 벌었을 것이다.

풀이과정 : _____

정답 : _____

5. 다음에서 (가), (나)에 들어갈 용어를 찾아 쓰세요.

> 사회주의 경제체제는 생산과 분배에 대한 의사결정을 모두 (가)가(이) 도맡은 체제입니다. 반면, 자본주의 시장경제체제는 무엇을 얼마나 어떻게 생산하고 생산된 것을 누가 소비할 것인지에 대한 의사결정을 (나)가(이) 즉 개인과 기업이 내립니다.

가 : _____, 나 : _____

6. 자본주의 시장경제체제에 대한 설명으로 옳은 것을 <보기>에서 모두 고르면?

(   )

―――――――― 〈보기〉 ――――――――

ㄱ. 능력만큼 일하고, 필요한 만큼 분배받는다.
ㄴ. 각자의 능력에 따라 차등적인 경제적 보상이 주어진다.
ㄷ. 인간이 자신의 이익을 추구하는 존재라는 점을 간과하였다.
ㄹ. 경제적인 보상이 인간이 삶을 살아가는 원동력으로 작용할 것이라 본다.

어휘 확인하기

1. 어휘의 사전적 의미 찾아보기

희소	
간과하다	
원동력	
이바지	

2. 빈칸에 알맞은 어휘를 찾아 쓰세요.

| 희소   간과   원동력   이바지 |

① 짧은 기간에 우리나라가 경제 발전을 이룰 수 있었던 (   )은 무엇일까?

② 그런 (   ) 상품들은 점점 가격이 오를 것이다.

③ 세계 평화와 인류 공영에 (   )하다.

④ 우리는 이번 사태의 심각성을 (   )해서는 안 됩니다.

3. 다음 어휘를 활용하여 문장을 만들어 보세요.

① 이바지 : _____

② 원동력 : _____

반도체 시리즈 2 – 팹리스와 파운드리

내용 확인하기

1. <보기>에서 반도체가 생산되고 판매되는 4가지 단계를 순서대로 나열하세요.

〈보기〉

ㄱ. 생산 단계 : 반도체 공정을 거쳐서 생산
ㄴ. 판매, 유동 단계 : 반도체를 소비자에게 전달
ㄷ. 설계 단계 : 어떤 종류의 반도체를 만들 것인지 계획 수립
ㄹ. 패키징, 테스트 단계 : 반도체를 검사하고 포장

(   )

2. 반도체 기업의 종류를 기준에 맞게 이으세요.

① OSAT   •

② 칩리스(Chipless)   •

③ 팹리스(Fabless)   •

④ 파운드리(Foundry) •

⑤ IDM   •

• ㉠ 반도체 생산을 전문으로 하는 기업

• ㉡ 자체적으로 설계한 제품을 협력업체에 맡겨 위탁생산을 한 후 자신의 브랜드 이름으로 판매하는 기업

• ㉢ 반도체의 테스트와 포장(패키징)을 전문으로 하는 기업

• ㉣ 반도체 생산의 모든 과정을 혼자 도맡아 하는 기업

• ㉤ 반도체 설계 라이선스를 제공하는 기업

3. 반도체 기업의 분류에 대한 설명으로 옳은 것을 <보기>에서 모두 고르면? (   )

〈보기〉

ㄱ. 메모리 반도체를 만드는 회사들은 대다수 '종합반도체기업'들이다.

ㄴ. 칩리스는 위탁 생산된 제품에 자기 회사의 브랜드를 붙여 판매한다.

ㄷ. 팹리스는 반도체 설계 라이선스를 제공해 지적재산권(IP) 수익을 거둔다.

ㄹ. 반도체 생산에는 많은 투자 비용이 들고 생산 기술이 고도로 발전되어야 한다.

4. TSMC 창업자 모리스 창이 파운드리 기업으로 반도체 사업을 시작한 이유는 무엇인가요?

_____

_____

_____

_____

어휘 확인하기

1. 어휘의 사전적 의미 찾아보기

제조	
주력	
주조(鑄造)	녹인 쇠붙이를 거푸집에 부어 물건을 만듦.
거푸집	
도피	

2. 빈칸에 알맞은 어휘를 찾아 쓰세요.

도피   주력   제조

① 우리나라는 선박 (　　　　　)에서 세계 순위를 다툰다.

② 그는 경찰의 수사망을 피해 (　　　　)중인 것으로 알려졌다.

③ 그 점주는 단골 고객 확보에 (　　　　)하였다.

3. 다음 어휘를 활용하여 문장을 만들어 보세요.

① 주력 : _____

② 도피 : _____

한자 쓰기

附	和	雷	同
붙을 부	합할 화	우레 뢰	함께 동
附	和	雷	同
附	和	雷	同
附	和	雷	同

한자 넓히기

1. 附(붙을 부)

기부 (寄附)	寄(부칠 기) : 부치다, 주다, 보내다, 맡기다 등	자선 사업이나 공공사업을 돕기 위하여 돈이나 물건 따위를 대가 없이 내놓음. 예) 그는 자신의 모교에 장학금을 **기부**하였다.
	附(붙을 부) : 붙다, 기대다, 의지하다, 따르다 등	
부록 (附錄)	附(붙을 부) : 붙다, 기대다, 의지하다, 따르다 등	1. 본문 끝에 덧붙이는 기록. 2. 신문, 잡지 따위의 본지에 덧붙인 지면이나 따로 내는 책자.
	錄(기록할 록) : 기록하다, 베끼다 등	

2. 和(합할 화)

조화 (調和)	調(고를 조) : 고르다, 조절하다, 어울리다 등	서로 잘 어울림. 예) 그 연극은 무대 장치와 배경 음악의 **조화**가 뛰어났다.
	和(합할 화) : 화하다, 서로 응하다, 합치다 등	
화합 (和合)	和(합할 화) : 화하다, 서로 응하다, 합치다 등	화목하게 어울림. 예) 새로운 **화합**의 시대를 열다.
	合(합할 합) : 만나다, 합하다 등	

1. 예기(禮記)

유학 오경(五經)의 하나로, 고대 중국의 예(禮)와 관련한 기록과 해설을 정리한 유교 경전이다. 의례의 해설 및 음악·정치·학문에 걸쳐 예의 근본정신에 대해 서술하고 있다.
(시경·서경·역경·춘추·예기를 오경(五經)이라고 한다.)

2. 예기(禮記) 곡례편(曲禮篇) 상(上)

중국 고대 유가의 경전인 예기 곡례편 내용에 따르면 '타인의 의견을 자신의 의견처럼 생각해서 동조하지 않고 옛 성현을 모범으로 삼아서 행동하라.'는 이야기가 있다.

毋勦說 毋雷同(무초설 무뇌동)

남의 의견을 자신의 의견인 것처럼 말하지 말고, 남의 의견에 자기의 생각 없이 무조건 동조하지 마라.

必則古昔 稱先王(필칙고석 칭선왕)

반드시 옛것을 본보기로 삼고 선왕의 일을 본받아라.

3. 논어(論語)

공자와 그 제자들의 대화를 기록한 책으로 사서의 하나이다. 공자가 세상을 떠난 후 그의 제자들이 그의 언행을 모아 책으로 펴낸 것이다. 공자가 제자와 여러 사람들의 질문에 대답하고 토론한 것이 '논(論)', 제자들에게 전해준 가르침을 '어(語)'라고 한다.
(대학·논어·맹자·중용을 사서(四書)라고 한다.)

4. 논어(論語) 자로편(子路篇)

공자의 말을 기록한 논어 자로편에 따르면 '군자는 화합하지만 부화뇌동하지 않고, 소인은 부화뇌동하지만 화합하지 않는다.'라고 하였다.

君子和而不同(군자화이부동)

군자는 화합하되, 뇌동하지 않으며

小人同而不和(소인동이부화)

소인은 뇌동할 뿐, 화합하지 않는다.

1. 부화뇌동과 비슷한 뜻의 한자성어가 아닌 것을 고르세요. (   )

① 뇌동부화(雷同附和) : 우레가 울리면 만물도 이에 따라 울린다.

② 아부영합(阿附迎合) : 상대방에게 아부하여 동조하다.

③ 추우강남(追友江南) : 친구 따라 강남 간다.

④ 고마문령(瞽馬聞鈴) : 눈먼 말이 방울소리를 듣고 따라간다.

⑤ 화이부동(和而不同) : 조화를 이루지만 같아지지 않는다.

2. 빈칸에 알맞은 용어를 찾아 쓰세요.

기부	부록	조화	화합

① 참고 문헌을 (   )에서 소개하고 있다.

② 그는 재산 일체를 학교에 (   )하였다.

③ 그 집은 형제간에 (   )이 잘된다.

④ 인간은 자연과 (   )를 이루면서 공존하고 있다.

토론 – 동물원 폐지 논쟁, 여러분의 의견은?

토론 논제

　얼마 전 '갈비사자'라는 별명이 붙은 수사자의 모습이 언론이 공개되면서 많은 사람들이 충격에 빠진 적이 있습니다. 최근 들어 동물원에서 탈출한 동물들로 인한 사건, 사고도 잇따르고 있는 실정입니다. 이에 '동물원'이 과연 필요한지에 대하여 고민하는 사회적 공감대가 형성되고 있습니다. 동물원 폐지를 찬성하는 입장에서는 동물들이 느끼는 고통과 스트레스를 간과해서는 안 된다고 이야기합니다. 반면 동물원 폐지를 반대하는 입장에서는 동물원이 지니는 다양한 '사회적 가치'가 있음을 주장합니다.

토론 입론서 작성

논제	동물원 폐지 논쟁, 여러분의 의견은?	
조건	동물원을 **'반드시'** 폐지해야 하는가?	
배경 제시		
	찬성 측	반대 측
쟁점 1	동물원은 과연 동물을 보호하는 시설일까, 인간을 위한 볼거리를 제공하는 도구일까?	
쟁점 2	동물들의 '야생성'을 보호하자면서 무작정 자연으로 돌려보내는 것이 옳을까?	
사고 확장	ex) 동물원 시설 관리는 인간의 노력으로 개선할 수 있다. 제대로 된 '동물 윤리'에 부합하여 관련 법률을 제정할 필요가 있다.	

개요 작성

서론		1. 논제의 배경이 되는 사실을 기술
		2. 논제와 관련된 논쟁들 설명
		3. 나의 입장 밝히기(찬성, 반대)
		4. 주장문 계획 밝히기
본론	근거 1	1. 중심 문장
		2. 뒷받침 문장 (중심 문장 설명)
	근거 2	1. 중심 문장
		2. 뒷받침 문장 (중심 문장 설명)
	근거 3	1. 중심 문장
		2. 뒷받침 문장 (중심 문장 설명)
결론		자신의 주장을 다시 한번 정리하고, 사고를 확장하여 열린 결말 도출하기

도서 1 《나의 라임오렌지나무》

"나의 사랑하는 뽀르뚜가, 제게 사랑을 가르쳐 주신 분은 바로 당신이었습니다. 지금은 제가 구슬과 그림딱지를 나누어 주고 있습니다. 사랑 없는 삶은 무의미하다는 것을 알기 때문입니다."

《나의 라임오렌지나무》는 브라질의 국민 작가 J. M. 바스콘셀로스가 1968년 발표한 소설로, 가난한 환경 속에서 학대받으며 자라는 어린 소년 제제가 나무를 친구 삼아 대화하고, 그를 감싸주는 비밀친구 뽀르뚜가의 애정을 받으며 어른이 되어 가는 성장소설이다.

1. 저자 ─ J. M. 바스콘셀로스(J. M. de Vasconcelos, 1920~1984)

1920년 브라질 히우지자네이루 외곽에 있는 방구시에서 태어났다. 가난으로 인해 불우한 어린 시절을 보냈고, 의대에 진학했지만 학업을 중단하고 권투선수, 바나나 농장 인부, 그림 모델, 어부, 초등학교 교사 등 다양한 직업을 전전했다. 이러한 경험이 문학적 밑바탕이 되어 1942년 《성난 바나나》로 작품 활동을 시작했다. 1968년 자신의 어린 시절의 자전적 이야기를 풀어낸 《나의 라임오렌지나무》를 출간하여 브라질 최고 작가로 부상하였다. 이 책은 브라질 역사상 최고 판매 부수를 기록했고, 전 세계 20여 개 언어로 번역되어 수천만 명의 독자들에게 깊은 감명을 주었다.

2. 줄거리

주인공 제제는 평범한 다섯 살 소년이다. 가난한 가정에서 자라 제대로 된 보살핌을 받지 못하지만 마음은 따뜻한 아이이다. 가난한 제제는 선생님이 건네준 돈으로 더 가난한 흑인 친구와 빵을 나눠 먹고, 우울한 엄마를 진심으로 다독여주기도 한다. 동생에게 싸구려 장난감이라도 주기 위해 애쓰는 형이기도 하다.

제제는 정원에 있는 라임 오렌지나무에게 마음을 털어놓으면서 커간다. 그러던 어느 날 제제는 장난을 치다 발에 심한 상처를 입게 되는데, 포르투칼 사람인 뽀르뚜가 아저씨가 제제를 병원으로 데려가 치료를 받게 하였다. 이후 둘은 낚시 여행을 같이 가는 등 친해지게 된다. 제제는 그를 친아버지처럼 여기지만 뽀르뚜가 아저씨는 기차에 치여 갑작스럽게 죽음을 맞이한다. 제제는 이 일로 이별에 대해 알게 되고, 슬픔을 경험하면서 나무를 자르게 되고 점차 어른으로 성장한다.

1. 아이들이 바르게 자라기 위해서 가장 중요한 것은 무엇이라고 생각하나요?

_____

_____

_____

_____

_____

2. "왜 아이들은 철이 들어야만 하나요? 사랑하는 뽀르뚜가, 저는 일찍 철이 들었던 것 같습니다."
   '철이 든다'는 것은 무엇을 의미할까요?

_____

_____

_____

_____

_____

독후감 쓰기

개요 작성

서두	1. 책을 선택한 이유 or 책을 읽게 된 동기로 시작하기 2. 책의 저자, 배경, 유명한 이유 등 설명하기
본론	책의 줄거리 요약 새롭게 알게 된 내용이나 깨달은 점 서술하기
결말	책이 나에게 어떤 영향을 미쳤는지, 책을 읽기 전과 후 내 생각이나 행동에 어떤 변화가 있었는지 서술하기

오늘의 첨삭 POINT

43

서평 쓰기

개요 작성

서두	1. 객관적 사실에 입각한 문장으로 시작(발췌 가능) 2. 책의 저자와 책의 배경 소개
본론	책의 줄거리 요약
	서평의 주제 언급하기(키워드, 발췌문 포함)
결말	이 책을 추천하는 이유 또는 아쉬운 점(객관적으로 서술할 것)

오늘의 첨삭 POINT

도서 2 《80일간의 세계 일주》

배경지식

"이 괴짜 신사는 문제가 생길 때마다 침착함과 정확성이라는 멋진 품성을 아낌없이 보여 주었다. 하지만 결과는 어땠을까? 이 여행에서 그가 얻은 것은 무엇일까? 아무것도 없다고 말해야 할까?"

《80일간의 세계 일주》는 프랑스 작가 쥘 베른이 1873년에 출판한 소설이다. 주인공 필리어스 포그가 80일 안에 세계를 일주할 수 있을지에 대한 내기를 하고 그 여정을 떠나는 이야기를 다루고 있다. 이 책은 당시 산업혁명과 교통수단의 발전에 대한 믿음이 반영되어 있다. 또한 다양한 문화와 장소, 인간의 용기와 미래에 대한 낙관 등 다양한 주제를 재미있게 풀어간다.

1. 저자 - 쥘 베른(Jules Verne, 1828~1905)

1828년 프랑스 주요 항구도시 낭트에서 태어났다. 어린 시절 《로빈슨 크루소》같은 해양 모험 소설을 즐겨 읽었고, 성인이 된 이후 고향을 떠나 파리로 이주하였다. 파리 문학 살롱에 자주 드나들면서 문학에 심취하게 되고, 1863년 《5주간의 기구 여행》을 출간하면서 대중적인 성공을 거둔다. 《80일간의 세계 일주》는 과학을 통한 인류의 발전을 신봉하는 쥘 베른의 성향이 반영된 소설로서, 과학과 문학이 절묘하게 어우러지며 지금까지 대중의 사랑을 받는 책이다. 쥘 베른은 끊임없이 작품 활동을 하여 지금까지 공식적으로 소개된 그의 소설은 총 64편에 이른다. 그의 소설이 지금까지도 끊임없이 번역되어 읽히는, 19세기를 대표하는 프랑스 작가이다.

2. 줄거리

주인공 필리어스 포그가 80일 안에 세계를 일주할 수 있다는 내기에 도전하는 이야기이다. 포그는 런던의 클럽에서 이 내기를 시작하고, 2만 파운드를 걸게 된다. 이후 프랑스 출신 수행원 파스파르투와 함께 여정을 시작하였고, 곧장 런던을 떠나 프랑스, 이집트, 인도, 싱가포르, 인도, 뉴욕 등을 여행하게 된다. 온갖 위기를 지혜롭게 이겨내면서 런던으로 돌아왔지만, 계획했던 시간에서 5분을 넘기는 바람에 내기에 실패했다고 믿는다. 그러나 그는 '날짜 변경선' 즉 '시차' 때문에 실제로 하루가 더 남았음을 알게 되고, 결국 내기에서 이기게 된다.

생각 넓히기

1. "아니, 그런 야만적인 관습이 아직 인도에 남아있다니, 영국은 그것을 없애지 못했습니까?"

 힌두교 관습인 '사티'는 남편이 죽으면 아내를 함께 매장하는 풍습입니다. 인간의 기본권을 침해하는 풍습이지만 힌두교의 고유한 전통이기 때문에 존중받아야 할까요? 아니면 인간존엄성, 생명 존중 등 보편 윤리의 관점에서 정당화되기 어려운 문화로 인식해야 할까요?

_____

_____

_____

_____

_____

_____

2. 이 책에서 가장 인상 깊었던 여행지는 어디인가요? 가장 기억에 남는 장면을 구체적인 이유를 들어 서술하세요.

_____

_____

_____

_____

_____

_____

독후감 쓰기

개요 작성

서두	1. 책을 선택한 이유 or 책을 읽게 된 동기로 시작하기 2. 책의 저자, 배경, 유명한 이유 등 설명하기
본론	책의 줄거리 요약 새롭게 알게 된 내용이나 깨달은 점 서술하기
결말	책이 나에게 어떤 영향을 미쳤는지, 책을 읽기 전과 후 내 생각이나 행동에 어떤 변화가 있었는지 서술하기

오늘의 첨삭 POINT

서평 쓰기

개요 작성

서두	1. 객관적 사실에 입각한 문장으로 시작(발췌 가능) 2. 책의 저자와 책의 배경 소개
본론	책의 줄거리 요약
	서평의 주제 언급하기(키워드, 발췌문 포함)
결말	이 책을 추천하는 이유 또는 아쉬운 점(객관적으로 서술할 것)

일기 쓰기 <small>* 일기는 내가 나에게 들려주는 이야기입니다.</small>

일기 쓰는 세 가지 방법

1. 사실 그대로 기록하기

예) 오늘 아침 7시 45분에 일어났다. 7시 25분과 30분에 알람 시계가 울리도록 설정했지만, 침대에서 10분 넘게 보냈다. 10분 정도밖에 안 되는 차이지만, 학교 갈 준비를 쫓기듯이 했다.

2. 작지만 특별한 한순간에 주목해 보기

예) 오늘 디즈니 만화영화 '겨울왕국'을 다시 보았다. 몇 번이나 보았던 영화라서 큰 기대가 없었는데, 엄마의 사진첩에서 보았던 나의 어릴 적 모습이 떠오르면서 새로운 느낌으로 다가왔다.

3. 자유로운 형식을 시도해 보기 : 편지 쓰기, 그림일기 등

일기의 첫 문장은 어떻게 쓸까요?

"오늘은.. 했다", "오늘의 날씨는 .. 했다. "
아직도 이렇게 일기를 시작하나요? 첫 문장에 작은 변화를 주면 일기가 훨씬 멋있어집니다!

1. 질문을 던져보세요.

예) 나는 정말 미술을 잘하는 걸까?

2. 일기를 쓸 때의 나의 몸이나 마음을 자세히 써보세요.

예) 줄넘기를 너무 열심히 했더니 양쪽 다리가 후들거렸다.

3. 작고 사소하지만 놀랍고 신기한 일이 있었을 때의 감정을 옮겨 봅시다.

예) '정말 새로운 맛인데!' 새로 출시된 아이스크림을 먹었는데 맛이 신기했다.

일기 쓰기 I

제목 : _____

_____

_____

_____

_____

_____

_____

_____

_____

_____

_____

_____

_____

_____

_____

_____

오늘의 첨삭 POINT

일기 쓰기 2

제목 : _____

_____

_____

_____

_____

_____

_____

_____

_____

_____

_____

_____

_____

_____

_____

_____

_____

_____

오늘의 첨삭 POINT

기행문 쓰기

....

개요 작성

도입부	여행을 하게 된 동기와 목적 / 여행지와 관련된 기본적인 정보 정리
여정	여행의 일정 / 여행지와 관련해서 알게 된 정보 여행지와 관련된 정보에 주목하는 이유 다음 일정과 중요한 정보, 지식 다음 일정과 중요한 정보, 지식 위의 사실을 왜 주목했는지 설명하면서 나의 감정 서술
마무리	여행을 통해 얻은 경험, 느낌, 감상

기행문 쓰기

제목 : _____

_____

_____

_____

_____

_____

_____

_____

_____

_____

_____

_____

_____

_____

_____

_____

_____

오늘의 첨삭 POINT

물은 정말 신기해 2

내용 확인

1. 1미터를 10억 개로 일정하게 쪼갰을 때 그 하나의 길이를 말한다.

2. 광학 기술과 현미경의 발전으로 작은 크기의 분자를 관찰하게 되었다.

3. 물은 판다 얼굴 모양을 하고 있다. 물 분자는 큰 동그라미 부분인 산소 1개와 작은 동그라미 부분인 2개의 수소가 약간의 간격을 두고 붙어서 이루어진다.

4. 산소와 수소가 가지고 있는 전자의 개수나 끌어당기는 힘이 달라 서로 만나게 되면 전자가 몰려 있는 부분이 생기거나 부족한 부분이 생긴다. 전자가 몰려 있어서 힘이 세지면 음(-)전하, 전자가 부족해 힘이 약하면 양(+)전하를 띠면서 자성의 성질을 갖게 된다.

5. ㄱ, ㄹ

해설) ㄴ. 물 분자는 1개의 산소와 2개의 수소가 만나 이루어진다.
ㄷ. 1개의 물 분자에서 산소가 음전하, 수소가 양전하를 띠게 된다.

6. 전자를 당기는 힘이 센 원자와 수소가 결합할 때 서로 이웃한 분자들 간에 생기는 힘을 말한다. 다른 인력에 비해 매우 강한 성질을 지니며, 물이 100도에서 끓거나 얼음 상태가 되면 부피가 커지는 성질은 이 수소결합으로 인해 생긴 것이다.

7. 가 : (광학) , 나 : (전자)

8. 안토니 반 레벤후크

어휘 공부하기

1.

광학	물리학의 한 분야. 빛의 성질과 현상을 연구하는 학문이다.
중성	1. 서로 반대되는 두 성질의 어느 쪽도 아닌 중간적 성질. 2. 원자, 소립자 따위가 양전하나 음전하 가운데 어떤 성질도 가지고 있지 않은 상태.
진공	물질이 전혀 존재하지 아니하는 공간.
미시	작게 보임. 또는 작게 봄.
학설	학술적 문제에 대하여 주장하는 이론 체계.
개량	나쁜 점을 보완하여 더 좋게 고침.

2. ① 진공   ② 미시   ③ 학설   ④ 개량

3. 예시

① 새 학설을 정립하다.

② 농업 기술의 개량이 시급하다.

비운의 지식인, 최치원

내용 확인

1. ㄴ, ㄹ

해설) ㄱ. 진골 귀족들 사이에 왕위 쟁탈전이 벌어졌다.
ㄷ. 원종과 애노의 난은 농민들의 반란이다.

2. 성골, 진골, 6두품, 5두품 등으로 신분이 나뉘어져 골품에 따라 관직에 승진할 수 있는 한계가 결정되어 있었다. 또한 수레나, 의복, 집의 크기 등 일상생활에도 제한이 있었다.

3. 빈공과

4. 당시 당나라에서 일어났던 농민 반란 황소의 난 때 '토황소격문'을 작성하여 큰 공을 세웠기 때문이다.

5. 진성여왕에게 올린 개혁안이 받아들여지지 않고 신라 사회가 점점 혼란해지고 있었기 때문이다.

6. 호족과 6두품

어휘 공부하기

1.

전역 (朝廷)	어느 지역의 전체
명성	세상에 널리 퍼져 평판 높은 이름.
은둔	세상일을 피하여 숨음.
고위	높고 귀한 지위.
관장 하다	일을 맡아서 주관하다.
조정 (朝廷)	임금이 나라의 정치를 신하들과 의논하거나 집행하는 곳. 또는 그런 기구.

2. ① 고위 ② 전역 ③ 은둔 ④ 명성

3. 예시

① 그는 청빈함으로 명성이 자자하다.

② 최치원은 가야산 해인사에 은둔하였다.

기본권적 자유와 자유의 가치

내용 확인

1. 언론, 출판, 표현의 자유, 종교의 자유, 결핍과 빈곤으로부터의 자유, 공포로부터의 자유

2. 천부인권

3. 신체의 자유, 거주 이전의 자유, 직업선택의 자유, 주거의 자유, 사생활의 자유, 통신의 자유, 언론·출판·집회·결사의 자유 등

4. ㄴ, ㄷ

> 해설) ㄱ. 기침은 법정 전염병이 아니기 때문에 이동의 자유 등 기본권을 제한할 수 없다.
> ㄹ. 미관을 해치는 개발 행위를 공공복리 침해로 판단하기 어렵다.

5. 우리는 하고 싶은 일들을 행하며, 그 결과에 대해 스스로 책임을 지는 것이다.

어휘 공부하기

1.

명시	분명하게 드러내 보임.
좌지우지 하다	이리저리 제 마음대로 휘두르거나 다루다.
사안	법률이나 규정 따위에서 문제가 되는 일이나 안.
모호하다	말이나 태도가 흐리터분하여 분명하지 않다.
해악	1. 해로움과 악함을 아울러 이르는 말. 2. 해가 되는 나쁜 일.
손아귀	1. 엄지손가락과 다른 네 손가락과의 사이. 2. 손으로 쥐는 힘. 3. 세력이 미치는 범위.

2. ① 모호하다. ② 해악 ③ 사안 ④ 명시

3. 예시

① 그는 내정을 좌지우지하는 실세이다.

② 이번 국회 회기에서는 중요한 사안이 모두 논의될 것이다.

숫자에도 역사가 있다고요?

내용 확인

1. 열차 좌석번호, 키, 몸무게, 음식을 재료의 양, 아파트 몇 층, 몇 호, 학년, 번호, 계좌번호, 시험 점수, 물건의 가격, 시가의 흐름, 날짜 등등

2. 어떤 사실을 이야기할 때나 상대방을 설득할 때 막연하게 이야기를 하는 것보다는 통계나 수치 등을 제시할 때 듣는 사람에게 정확한 정보를 전달해 줄 수 있고 또 설득력 있는 주장이 된다.

3. 1) 7   2) 3204   3) 365

4.

5.
[장점]
1) 짝을 지어 세던 것과 같은 원리로 같은 기호를 여러 번 반복해서 사용하기 때문에 별도의 기호를 익히지 않아도 쉽게 수를 나타낼 수 있다.
2) 나타내려는 수와 기호의 개수가 같아서 직관적으로 수의 크기를 알 수 있다.
3) 아라비아 숫자와는 달리 그림을 감상하는 듯한 느낌을 줍니다. 모양이 재미있고 아름답습니다.
4) 10000000(천만)이라는 큰 수도 단 한 개의 그림으로 간단하게 나타낼 수 있습니다 등

[단점]
1) 같은 숫자를 여러 번 써야 하므로 99999와 같은 큰 수를 나타내기에는 종이도 낭비되고 시간도 오래 걸리고 불편합니다.
2) 덧셈, 뺄셈, 곱셈, 나눗셈과 같은 연산을 할 때 그림으로 계산하는 것은 불편합니다.
3) 천만이 넘어가는 큰 수를 나타낼 수 없습니다. 억이나 조 등 더 큰 수를 나타내는 새로운 기호를 끊임없이 만들어야 합니다.
4) 무한히 계속되는 수를 무한개의 새로운 기호로 나타내기는 불가능합니다. 등

6. 바빌로니아인들은 𒁹 와 𒌋 두 개의 숫자만을 사용하였습니다. 𒁹 은 1을 나타내는 숫자이고 𒌋 은 10을 나타내는 숫자입니다. 각각의 기호들을 필요한 개수만큼 반복해서 수를 나타내었습니다.

7. 참고

어휘 공부하기

1.

절실하다	1. 느낌이나 생각이 뼈저리게 강렬한 상태에 있다. 2. 매우 시급하고도 긴요한 상태에 있다.
대응	1. 어떤 일이나 사태에 맞추어 태도나 행동을 취함. 2. 어떤 두 대상이 주어진 어떤 관계에 의하여 서로 짝이 되는 일.
주기	같은 현상이나 특징이 한 번 나타나고 부터 다음번 되풀이되기까지의 기간.
매듭	1. 노, 실, 끈 따위를 잡아매어 마디를 이룬 것. 2. 어떤 일에서 순조롭지 못하게 맺히거나 막힌 부분. 3. 일의 순서에 따른 결말.
획기적	어떤 과정이나 분야에서 전혀 새로운 시기를 열어 놓을 만큼 뚜렷이 구분되는 것.
토대	1. 모든 건조물 따위의 가장 아랫도리가 되는 밑바탕. 2. 명사 어떤 사물이나 사업의 밑바탕이 되는 기초와 밑천을 비유적으로 이르는 말.

2. ① 획기적   ② 토대   ③ 매듭   ④ 대응

3. 예시
① 이에 따른 적절한 정책 대응이 이루어져야 한다.
② 발전의 토대를 마련하다.

한 눈에 보는 클래식 음악사

내용 확인

1. ㄴ, ㄹ

> 해설) ㄱ. (가)는 바로크 시대, (나)는 낭만주의 시대
> 이다.
> ㄷ. 쇼팽, 리스트는 낭만주의 시대 음악가이다.

2. 오라토리오

3. ④

> 해설) 무조음악은 20세기 이후 등장하였다.

4. 악기의 발달로 인간의 감정을 솔직하고 풍부하게
표현할 수 있었다. 또한 문학 작품에서부터 주제
를 찾아 이야기의 흐름에 맞추어 음악을 표현하
는 '표제음악'이 등장하였다.

5. 클로드 드뷔시

어휘 공부하기

1.

정형화	일정한 형식이나 틀로 고정됨.
기교	기술이나 솜씨가 아주 교묘함. 또는 그런 기술이나 솜씨.
어원 (語源)	어떤 단어의 근원적인 형태. 또는 어떤 말이 생겨난 근원.
여건	주어진 조건.
표제	1. 서책의 겉에 쓰는 그 책의 이름. 2. 연설이나 담화 따위의 제목. 3. 연극 따위의 제목.
서정적	정서를 듬뿍 담고 있는 것.

2. ① 여건 ② 정형화 ③ 서정적 ④ 기교

3. 예시

① 그는 어려운 여건 속에서도 좌절하지 않고 열심히
살았다.

② 그 가수는 서정적인 발라드를 주로 부른다.

역사기행 국내편

내용 확인

1. ①

> 해설) ② 세도정치기 과거제도가 문란하였다.
> ③ 정조 이후 어린 왕이 즉위하면서 왕권이
> 약해졌다.
> ④ 19세기는 전반 서양 세력의 접근을 두려워
> 하였다.
> ⑤ 천주교가 확산되면서 정부의 탄압을 받았다.

2. ㄱ, ㄹ

> 해설) ㄴ. 대원군은 전국의 서원을 대대적으로 정리
> 하였다.
> ㄷ. 서양 세력의 통상 수교 요구를 거부하였다.

3. 우정총국

4. 김홍집, 김윤식 등 조선의 제도와 사상은 지키면서
서양의 기술만 받아들이자는 입장의 온건 개화파
와 김옥균, 박영효, 홍영식 등 일본처럼 서양의 제
도와 법률까지 모두 수용해서 근본적으로 변화를
모색하고자 했던 급진 개화파로 분열하였다.

어휘 공부하기

1.

순탄 하다	1. 성질이 까다롭지 않다. 2. 길이 험하지 않고 평탄하다. 3. 삶 따위가 아무 탈 없이 순조롭다.
청산	1. 서로 간에 채무·채권 관계를 셈하여 깨끗이 해결함. 2. 과거의 부정적 요소를 깨끗이 씻어 버림.
모순 (矛盾)	어떤 사실의 앞뒤, 또는 두 사실이 이치상 어긋나서 서로 맞지 않음을 이르는 말.
부임	임명이나 발령을 받아 근무할 곳으로 감.
거사 (擧事)	큰일을 일으킴.
망명	혁명 또는 그 밖의 정치적인 이유로 자기 나라에서 박해받고 있거나 박해를 받을 위험이 있는 사람이 이를 피하고자 외국으로 몸을 옮김.

2. ① 부임   ② 거사   ③ 청산   ④ 망명

3. 예시

① 그는 모진 박해를 피해 이웃 나라로 망명했다.

② 일제 식민 잔재의 청산에 관심을 가졌다.

역사기행 해외편

내용 확인

1. 제임스 와트, 영국 전 지역에 매장되어 있지만 무게가 무거웠던 석탄의 대량 수송이 가능해졌다.

2. 다양한 상품을 빠르게 운송할 수 있고, 출장이나 여행을 떠나는 사람들이 생겨 상점이나 여행업이 발전하게 되었다. 철도 운행 시간에 맞춰 신문이 발간되었고, 안전하고 신속한 수송을 위한 유통업이 발전하였다.

3. ㄱ, ㄹ

해설) ㄴ. 나무 대신 석탄이 연료로 사용되었다.
　　　ㄷ. 인구가 늘어난 만큼 보완해야 하는 하수 처리 시설과 쓰레기 소각장은 부족하였다.

4. 피시 앤드 칩스

어휘 공부하기

1.

유서	예로부터 전하여 내려오는 까닭과 내력.
종주국	문화적 현상과 같은 어떤 대상이 처음 시작한 나라.
개량	나쁜 점을 보완하여 더 좋게 고침.
상용화	물품 따위가 일상적으로 쓰이게 됨.
발간	책, 신문, 잡지 따위를 만들어 냄.
재난	뜻밖에 일어난 재앙과 고난.

2. ① 발간   ② 상용화   ③ 개량   ④ 재난

3. 예시

① 여름철에는 위생에 더욱 신경을 써야 합니다.

② 농업 기술의 개량이 시급합니다.

이야기 시사경제

내용 확인

1. 희소성

2. 크다 / 작다

3. 어떤 한 가지 선택을 하기 위해 다른 여러 가지를 포기했는데, 이때 포기하지 않았더라면 얻었을 이익 가운데 가장 큰 것

4. 400만 + 160만(쿠X 물류센터 아르바이트 1주 80만 × 2) = 560만

5. 가 : 국가, 나 : 민간

6. ㄴ, ㄹ

해설) ㄱ, ㄷ 모두 사회주의 경제체제에 대한 설명이다.

어휘 공부하기

1.

희소	매우 드물고 적음.
간과하다	매우 드물고 적음.
원동력	1. 어떤 움직임의 근본이 되는 힘. 2. 물리 물체나 기계의 운동을 일으키는 근원적인 힘. 열, 수력, 풍력, 화력 따위가 있다.
이바지	도움이 되게 함.

2. ① 원동력   ② 희소   ③ 이바지   ④ 간과

3. 예시

① 문자의 발명은 인류 발달에 크게 이바지하였다.

② 경제 성장의 원동력.

## 반도체 시리즈	## 이달의 고사성어 - 부화뇌동

내용 확인

1. ㄷ → ㄱ → ㄹ → ㄴ

2. ① - ⓒ, ② - ⓓ, ③ - ⓑ, ④ - ⓐ, ⑤ - ⓔ

3. ㄱ, ㄹ

> 해설) ㄴ. 팹리스에 대한 설명이다.
> ㄷ. 칩리스에 대한 설명이다.

4. 반도체 생산만 전문적으로 하는 기업이 있으면 투자금이 많이 들지 않는 설계 회사가 늘어날 것이고 자연스럽게 생산만 전담하는 기업의 수익도 늘어날 것으로 예상했기 때문이다. 또한 종합반도체기업으로는 이미 반도체 분야의 패권을 장악한 미국과 정면으로 맞설 이유가 없었기 때문이다.

어휘 공부하기

1.

제조	1. 공장에서 큰 규모로 물건을 만듦. 2. 원료에 인공을 가하여 정교한 제품을 만듦.
주력 (注力)	어떤 일에 온 힘을 기울임.
주조 (鑄造)	녹인 쇠붙이를 거푸집에 부어 물건을 만듦.
거푸집	만들려는 물건의 모양대로 속이 비어 있어 거기에 쇠붙이를 녹여 붓도록 되어 있는 틀.
도피	도망하여 몸을 피함.

2. ① 제조   ② 도피   ③ 주력

3. 예시

① 그 회사는 경쟁력을 높이기 위해 주력을 기울일 상품을 선정하여 집중적으로 투자하고 있다.

② 그는 해외로 도피하였다.

1. ⑤

2. ① 부록   ② 기부   ③ 화합   ④ 조화